VENTES DES 10 ET 11 AVRIL 1894
(Salles Silvestre)

CATALOGUE

DE

BONS LIVRES

ANCIENS ET MODERNES

EN DIVERS GENRES

PARIS
THÉOPHILE BELIN, LIBRAIRE
29, QUAI VOLTAIRE, 29

1894

LA VENTE AURA LIEU

LE MARDI 10 & LE MERCREDI 11 AVRIL 1894

A 8 HEURES PRÉCISES DU SOIR

Maison SILVESTRE, 28, rue des Bons-Enfants.

Salle n° 3

Par le ministère de Me MAURICE DELESTRE, Commissaire priseur,
27, rue DROUOT

Assisté de M: THÉOPHILE BELIN, libraire,
29, QUAI VOLTAIRE

ORDRE DES VACATIONS

		Numéros
Première vacation :	*Mardi 11 avril....*	1 à 150
Deuxième vacation :	*Mercredi 12 avril..*	150 à fin.

EXPOSITION CHAQUE JOUR DE VENTE DE 2 A 4 HEURES

CONDITIONS DE LA VENTE :

La vente se fait **au comptant**.

Les acquéreurs payeront 5 pour cent en sus des enchères applicables aux frais.

L'exposition mettant à même MM. les Amateurs et Libraires de se rendre un compte exact de l'état des exemplaires, les livres ne seront repris que s'ils sont incomplets.

M. Th. BELIN remplira les Commissions des personnes qui ne pourraient assister à la vente.

CATALOGUE DE BONS LIVRES

ANCIENS ET MODERNES

---

1. Analectabiblion ou Extraits critiques de divers livres rares. oubliés ou peu connus, tirés du cabinet du marquis D. R***. *Paris*, *Techener*, 1856, 2 vol. in-8, demi-rel.
2. Anciens poètes de la France (les). Huon de Bordeaux. — Fierabras. — Parise la duchesse. — Gaydon. — Gaufrey. — Gui de Bourgogne. — Aye d'Avignon. — Hugues Capet. — Macaire. — Aliscaus. — *Paris*, *Franck*, 1860-1870, 10 vol. in-12, perc., non rogné.
3. Annales poétiques ou Almanach des muses depuis l'origine de la poésie française. *Paris*, *Delalain*, 1779, 39 vol. petit in-8°, portraits gravés, veau racine, fil. tr. dor. (grand papier vélin. bel ex.).
4. Antoine de Ville. Les fortifications du chevalier Antoine de Ville, contenant la manière de fortifier toute sorte de places, villes, etc., le tout représenté en 55 pl. gravées. *Paris*, 1666, in-8 veau.
5. Archives curieuses de l'histoire de France depuis Louis XI jusqu'à Louis XVIII ou collection de pièces rares et intéressantes tels que : chroniques, mémoires-pamphlets, lettres, vies, testaments, exécutions, batailles, massacres, etc., publiées d'après les textes conservés à la Bibliothèque royale. Cet ouvrage sert de complément aux collections Guizot, Buchon, Petitot et Leber, par W. Cimber. *Paris*, *Beauvais*, 1834, 27 vol. in-8, demi-rel.
6. Arioste. Roland furieux, trad. nouvelle par d'Ussieux. *Paris*, *Brunet*, 1775, 4 vol. in-8, fig., veau.
7. Arioste. Roland Furieux. *Paris*, *Garnier*, 1876, 2 vol. gr. in-12, demi-rel., mar. r. avec coins, tête dor., non rognés.

8. Ariosto. L'Orlando Furioso e le satire di Lodovico Ariosto, *Parigi, Presso Lefèvre*, 1836, 4 vol. gr. in-8, d. mar. laval., ébarb.

Exemplaire en papier vélin.

9. Aristote. Poetica d'Aristotele vulgarizzata et spasta per Lodovico Castelnetro. Kekpika, 1570, gr. in-8, veau.

10. Arnaud. Œuvres. *Paris*, *Laporte*, 1815, 11 vol. in-8, veau, fig. d'Eisen.

11. Arnould et Alboize du Pujol. Histoire de la Bastille depuis sa fondation, 1374, jusqu'à sa destruction, 1789. *Paris*, 1844, 10 tomes en 5 vol., gr. in-8, d. chag.

12. Art (l') de désopiler la rate. Sive de modo c. prudenter, a Gallipoli de Calabre, l'an des folies. 1758-86, in-12 veau.

13. Atlas général de France divisé par départements, par Donnet et Monin, avec armes et vues de Chapuy. *Paris*, chez *Dusillion*, in-fol. demi-rel.

14. Bachaumont. Mémoires secrets. *Londres*, 1777, 36 tomes reliés en 18 vol. in-12, demi-percal.

15. Baïf. Œuvres en rime de Baïf, secrétaire de la chambre du roy. *Paris*, chez *Lucas Breyer*, 1673, petit in-8, veau gaufré, tr. dor.

16. Bapst (Germain). Histoire des joyaux de la couronne de France. *Paris*, *Hachette*, 1889, gr. in-8, demi-rel. mar. grenat avec coins, tête dor., non rogné.

50 figures.

17. Barante. Histoire des ducs de Bourgogne de la maison de Valois, 1364-1747. *Paris*, *Delloye*, 1839, 12 vol. in-8, fig. sur Chine, demi-rel. chag. rouge, tête dor., non rognés.

18. Barrois. Dactylologie et langage primitif restitués d'après les monuments. *Paris*, 1850, 71 pl. — Lecture littérale des hiéroglyphes et des cunéiformes par le même. *Paris*, 1853, 17 pl. — Ens. 2 vol. in-4 br.

19. Basan. Dictionnaire des graveurs anciens et modernes. 2e édition, 1789, 2 vol. in-8, nombr. fig., cart.

20. Baschet (Armand). La diplomatie vénitienne. — Les

princes de l'Europe au XVIe siècle : François Ier, Philippe II, Catherine de Médicis, les Papes, les Sultans, etc. — *Paris, Plon*, 1862, gr. in-8, demi-rel. veau fauve, non rogné.

21. Béranger. Chansons avec 53 grav. sur acier, d'après Charlet, Lemud, Johannot, Raffet, etc., 2 vol. — Musique des chansons de Béranger, 1 vol. — Dernières chansons de Béranger, 1 vol. — Ma biographie, 1 vol. — *Paris, Perrotin*, 1857-1860. — Ens. 5 vol. in-8, demi-rel.

22. Berault Bercastel. Histoire générale de l'Église. *Paris, Gaume*, 1840, 13 vol. in-8, demi-veau vert.

23. Bergier. Histoire des grands chemins de l'Empire romain. *Bruxelles*, 1736, 2 tomes en 1 vol. in-4 (planches), veau.

24. Bernardin de Saint-Pierre. Paul et Virginie, suivi de la Chaumière indienne. *Paris, Janet*, 1823, in-12, fig. de Desenne, mar. violet, dos orné, fil., dent. int., tr. dor.

25. Berthoud (Ferdinand). Essai sur l'horlogerie. *Paris, Jombert*, 1763, 2 vol. in-4, nombr. pl. gravées, veau.

26. Blaze (Elzéar). Le Chasseur au chien courant formant, avec le Chasseur au chien d'arrêt, un cours complet de chasse à tir et à courre. *Paris*, 1838, 3 vol. in-8, demi-chagr. vert.

27. Boccace (Jean). Traité des mésaventures de personnages signalés, traduit du latin par Witart. *Paris, Nicolas Eve*, relieur du roi, 1578, in-12, 696 ff., veau fauve.

28. Boldenyi. La Hongrie ancienne et moderne, histoire, arts, littérature, monuments. *Paris, Lebrun*, 1851, gr. in-8, fig. dans le texte et hors texte, par Janet Lange, Beaucé, etc., demi-chag. rouge, pl. toile.

29. Bosse (A.). La pratique du trait à preuves de M. Desargues, lyonnois, pour la coupe des pierres en l'architecture. *Paris, Pierre Des-Hayes*, 1643, in-8, veau, fig.

30. Bossuet. Œuvres complètes. *Paris, Gaume*, 1845, 13 vol. gr. in-8, portr., demi-rel.

31. Bourassé. La Terre sainte. *Tours, Mame*, 1860, in-8, fig. dans le texte et hors texte, demi-rel. chag. lavall.

32. Bourgery et Jacob. Anatomie de l'homme, contenant la médecine opératoire avec planches lithographiées. *Paris, Delaunay*, 1830-1855, 8 vol. in-fol., demi-rel. chagr. vert.

33. Bournon (Fernand). Histoire de Paris, monuments, administration, environs de Paris. *Paris, Armand Colin*, 1888, gr. in-8, percal. rouge, tr. dor. (rel. de l'édit).

34. Brantôme. Œuvres. *La Haye*, 1740, 15 vol. in-12, veau, front. gr.

35. Brice (James). Voyage aux sources du Nil, en Nubie et en Abyssinie. *Paris*, 1790, 6 vol. in-4, fig., veau ancien.

36. Buffon. Œuvres complètes mises en ordre par Richard. *Paris, Legrand*, s. d., 5 vol. gr. in-8, demi-rel.

37. Bulletin de la réunion des officiers, de l'origine 1871 à 1883 inclus. 25 vol. gr. in-8, demi-rel.

38. Burty (Philippe). Chefs-d'œuvre des arts industriels : céramique, verrerie, émaux, métaux, orfèvrerie et bijouterie, tapisserie, orné de 220 gr. sur bois. *Paris, Ducrocq*, s. d., gr. in-8 br.

39. Cabinet satyrique (le) ou recueil parfaict des vers piquans ou gaillards de ce temps. *Gand*, 1859, 2 vol. in-12, mar. rouge orn., tr. dor.

40. Caillat. Hôtel de Ville de Paris, mesuré, dessiné, gravé et publié par Victor Caillat. Décorations intérieures. *Paris*, 1844, 2 parties rel. en 1 vol. gr. in-fol. monté sur onglets, plats toile, planches.

41. Cailliaud. Voyage à Meroë, au Fleuve blanc, au delà de Fazoql, dans le midi du roy. de Seunär. *Paris, Imprimerie royale*, 1826, 4 vol. in-8, pl. gr., cart.

42. Calmet (Augustin). Traité sur les apparitions des esprits et sur les vampires ou les revenans de Hongrie, de Moravie, etc. *Paris, Debure*, 1751, 2 vol. in-12 parch.

43. Capefigue. Les quatre premiers siècles de l'église chrétienne. *Paris, Amyot*, 1850, 4 vol. in-8, demi-chagr. vert.

44. Castille (Hyppolyte). Portraits historiques avec biographie. *Paris, Sartorius*, 1856, 19 vol. in-18, d. veau vert.

45. Catrou et Rouillé. Histoire romaine depuis la fondation de Rome. *Paris*, 1725, 16 vol. in-4, rel. veau ancien.
Nombreuses gravures.

46. Cazotte. Œuvres badines, morales, historiques et philosophiques. *Paris*, *Bastiez*, 1817, 4 vol. in-8, fig., demi-rel.

47. Ceillier (Dom Remy). Histoire générale des auteurs sacrés et ecclésiastiques. *Paris*, *Vivès*, 1858-1863, 14 tomes en 15 vol. in-4, demi-rel.

48. Cent (les) Nouvelles nouvelles. *Cologne*, *Pierre Gaillard*, 1803, 4 vol. in-8, d. mar. rouge, tr. dor. (fig. de Romain de Hooghe).

49. Cérémonies et coutumes religieuses de tous les peuples du monde représentées par des figures dessinées par Bernard Picard. *Amsterdam*, 1723-1736, 9 vol. in-fol., veau ancien.
Bel exemplaire.

50. Cervantes. Œuvres complètes traduites par M. Bouchon Dubournial. *Paris*, *Méquignon*, 1821, 4 vol. in-8, fig. de Lami, Vernet, veau fauve, dos orné.

51. Ciceronis. Opera quæ supersunt omnia ex recensione io. casp. *Orellii Turici Orellii*, 1845, 4 tomes en 5 vol. in-4, demi-rel. mar. vert.

52. Cicéron. Œuvres complètes traduites en français avec le latin en regard, 27 vol. — Conclavis Ciceroniana, 2 vol. — Histoire de Cicéron, par Prévost, 2 vol. — Ens. 31 vol. in-8, demi-rel. veau.

53. Cicéron. Œuvres complètes publiées par Le Clerc. *Paris*, *Lefèvre*, 1824, 30 vol. in-8, br.

54. Chansonnier (le) historique du XVIIIe siècle. *Paris*, *Quantin*, 1879-1884. 10 vol. in-12 br., portr. à l'eau forte, comprenant : la Régence, 4 vol. — le règne de Louis XV, 4 vol. — le règne de Louis XVI, 2 vol.

55. Chardin. Voyage du chevalier Chardin en Perse et autres lieux de l'Orient. *Paris*, *Lenormant*, 1811, 10 vol. in-8, br., et atlas, in-fol., cart.

56. Chastel. Histoire de la vie, mœurs, actes, constance et mort de Jean Calvin. *Lyon, Scheuring*, 1875, in-8, port. pap. teinté, cart., non rogné.

57. Chateaubriand. Œuvres complètes. *Paris, Pourrat*, 1837, 36 vol. in-8. demi-chagr. rouge, dos orné, fig.

58. Chefs-d'œuvre de l'art antique, architecture, peinture, bronzes, mosaïques, bijoux, meubles, etc. *Paris, Lévy*, 1867. 4 vol. in-4, nombr. fig. dans des cartons.

59. Chesterfield. Lettres de lord Chesterfield à son fils Philippe Stanhope. *Paris, Labitte*, 1842, 2 vol. in-12, demi-rel. veau vert.

60. Clément de Ris. Les amateurs d'autrefois avec 8 portr. grav. à l'eau forte. *Paris, Plon*, 1877, gr. in-8, br., ex. gr. pap.

61. Collin de Plancy. Dictionnaire infernal. *Paris*, 1826, 4 vol. in-8, broch., fig.

62. Collection des livrets des anciennes expositions depuis 1673 jusqu'en 1800. *Paris, Liepmannsohn et Dufour*, 1869, formant 42 plaquettes, in-12. br. (complet), pap. de Hollande.

63. Commynes. Mémoires de Philippe de Commynes, nouvelle édition revue par Chantelauze. *Paris, Didot*, 1881, chromolith., gr. in-8, demi-chagr. rouge, tête dor., non rogné.

64. Contes en vers imités du moyen de parvenir par Autran, Dorat, Grécourt, La Fontaine, etc. *Paris, Léon Willem*, 1874, petit in-8, percal., non rogné, fig.

65. Cooper (Fenimore). Œuvres, traduction de Defauconpret. *Paris, Furne*, 1830, 20 vol. in-8 (tomes 1 à 20), demi-rel. veau bleu.

66. Coriolis. Théorie mathématique des effets du jeu de billard. *Paris, Cariban Goeury*, 1835, in-8, demi-chagr. n.

67. Corneille. Œuvres avec notes de tous les commentateurs. *Paris, Lefèvre*, 1824, 12 vol. gr. in-8, demi-rel. chagr. rouge, tête dor, non rognés.

Exemplaire en grand papier vélin de la collection des classiques français.

68. Corneille (P.). Œuvres. *Paris, Didot*, 1854, 12 vol. in-8, portr. et fig., demi-rel. chagr. avec coins, tête dor., non rognés.

69. Cours complet d'agriculture ou dictionnaire raisonné et universel d'agriculture. *Paris, Deterville*, 1821, 16 vol. in-8, demi-rel.
Nombreuses figures.

70. Courtépée et Béguillet. Description générale et particulière du duché de Bourgogne. *Dijon, Lagier*, 1847, 3 vol. in-8, cartes et plans, cart.

71. Coustelier (collection) comprenant : Racan, 2 vol. — Poésies de G. Crétin, 1 vol. — La légende de M. Pierre Faifeu, 1 vol. — Œuvres de Jean Marot, 1 vol, — La farce de Pierre Pathelin, 1 vol. — Poésies de Coquillart, 1 vol. — Œuvres de Villon, 1 vol. — *Paris, Coustelier*, 1723. — Ens. 10 vol. petit in-8, veau porphyre, fil., tr. dor.
Bel exemplaire.

72. Crébillon. Œuvres avec notes. *Paris, Werdet et Lequien*, 1828, portr. et fig. de Devéria, 2 vol. in-8, veau fauve, orn. à froid sur les pl.

73. Crozat. Recueil d'estampes d'après les plus beaux tableaux et d'après les plus beaux dessins qui sont en France dans le cabinet du roy. *Paris*, chez *Basan*, 1763, 2 vol. gr. in-fol. cart.
Recueil de 180 planches.

74. Dance (la) aux aveugles et autres poésies du xve siècle extraites de la bibliothèque des ducs de Bourgogne. *Lille, A.-J. Panckoucke*, 1748, in-12 mar. rouge, tr. dor., dent. int. (Hardy).

75. Damhouder. Praxis rerum criminalium elegantissimis iconibus ad materiam accommodis illustrata, prætoribus, propraetoribus, consulibus. proconsulibus, etc. *Antverpiae*, 1656, petit in-8, curieuses fig. sur bois, chagr. rouge fil., dent. int., tr. dor.

76. Darboy (Mgr). Les femmes de la Bible. *Paris, Garnier*, collection de portraits des femmes célèbres dessinées par Staal, 2 vol. gr. in-8, demi-chagr. bleu.

77. Dareste. Histoire de France depuis les origines jusqu'à nos jours. *Paris, Plon*, 1875, 9 vol. in-8, demi-rel. chagr. rouge.

Le tome 9 est broché.

78. Decourdemanche. Le sottisier de Naser-Eddin-Hodja, bouffon de Tamerlan. *Bruxelles, Gay*, 1878, petit in-8, pap. vergé, br.

79. Delavigne (Casimir). Œuvres complètes. *Paris, Didier*, 1855, 5 vol. in-8, portr. et fig. de A. Johannot, demi-rel. chagr. vert, pl. toile, tr. dor.

80. Delille. Œuvres de Delille. *Paris, Furne*, 1833, 10 vol. in-8, portr. et grav. sur acier, demi-rel. chagr. vert.

81. Descamps. La Vie des peintres flamands, allemands et hollandais, avec des portraits et un frontispice gravés. *Paris, Jombert*, 1753, 4 vol. in-8, veau fauve.

82. Descamps (J.-B.). Voyage pittoresque de la Flandre et du Brabant, avec des fig. gravées, *Paris, Barba*, 1838. in-8, demi-rel. chagrin vert, non rogné.

83. Description de l'isle des hermaphrodites pour servir de supplément au journal de Henri III. *Cologne*, 1724, in-12 veau.

84. Des Forges Maillard. Œuvres nouvelles publiées, avec notes, par Arthur de la Borderie et René Kerviler. *Nantes*, 1888, 2 vol. in-8, br.

85. Dictionnaire de la conversation et de la lecture. *Paris*, 1822, 16 vol. gr. in-8, demi-rel. chagr.

86. Diderot. Œuvres complètes, revues sur les éditions originales, par Assezat. *Paris, Garnier*, 1875-1877, 20 vol. gr. in-8, br.

Exemplaire en grand papier de Hollande.

87. Dolet (Estienne). Le second enfer. *Lyon*, 1544. — La manière de bien traduire d'une langue en autre. *Lyon, Estienne Dolet*, 1540. — Ens. 1 vol. petit in-8, veau, fil.

Papier vergé tiré à 100 exemplaires.

88. Du Breul (Jacques). Le théâtre des antiquitéz de Paris divisé en 4 livres. *Paris*, 1612, in-4, fig., veau, fil., tr. dor.

89. Du Deffand. Lettres de la marquise du Deffand à Horace Walpole. *Paris*, *Ponthieu*, 1824, 4 vol. — Correspondance inédite de Mme du Deffand avec notice par le marquis de Sainte-Aulaire. *Paris*, *Lévy frères*, 1859, 2 vol. — Ens. 6 vol in-8, cart, non rognés.

90. Dulaure. Histoire des environs de Paris. *Paris*, *Guillaume*, 1825, 7 vol. in-8, fig., demi-rel.

91. Dumont d'Urville. Voyage pittoresque autour du monde. *Paris*, *Tenré*, 1834, 3 vol. gr. in-8, demi-veau bleu, fig. et cartes.

92. Erasme. L'Éloge de la folie. *Amsterdam*, 1745, in-12, fig., grav., veau.

93. Erasme. Éloge de la folie nouvellement traduit du latin d'Erasme par M. de la Veaux, avec les fig. de Jean Holbein, grav. d'après les dessins originaux. A *Basle*, chez *J. Thurneysen*, 1780, in-8, demi-rel. veau.

94. Enault. Angleterre, Écosse et Irlande, voyage pittoresque. *Paris*, *Morisot*, 1859, gr. in 8, fig. de Gavarni noires et coloriées, demi-chagr., pl. toile, tr. dor.

95. Esope. Fables d'Ésope le Phrygien. *Paris*, 1659, petit in-8, fig. gravées, veau.

96. Estienne (Charles) et Jean Liebault. L'Agriculture et Maison rustique, plus un bref recueil des chasses du cerf, du sanglier, du lièvre, du renard, du blaireau, du connil, du loup, des oiseaux et de la fauconnerie. *Rouen*, chez *Thomas Daré*, 1608, gr. in-8, velin.

97. Estoile (Pierre de l'). Journal de Henri III, 5 vol. — Journal de Henri IV, 4 vol. — *La Haye*, 1744. — Ens. 9 vol., petit in-8, portr., demi-rel. basane.

98. Fantin. Annales du moyen âge contenant l'histoire des temps qui se sont écoulés depuis la décadence de l'Empire romain jusqu'à la mort de Charlemagne. *Paris*, 1825, 8 vol. in-8, cart., non rogné.

99. Fénelon. Œuvres complètes, *Paris*, *Gaume*, 1851, 10 vol. gr. in-8, portr., demi-rel. veau fauve.

100. Fétis. Biographie des musiciens. *Paris*, *Didot*, 1866, 8 vol. in-8, demi-rel. chagr. noir.

101. Feuillet de Conches. Louis XVI, Marie-Antoinette et Madame Élisabeth, lettres, documents inédits. *Paris*, *Plon*, 1864, 5 vol. in-8, demi-rel. veau fauve, non rognés (avec les couvert.).

102. Feuillet de Conches. Lettres inédites de Michel de Montaigne pour servir à l'histoire du XVIe siècle. *Paris*, *Plon*, 1863. — Recherches sur Montaigne. *Paris*, *Techner*, 1856, fig., 1 vol in-8, demi-veau fauve.

103. Flammarion. Astronomie populaire, description générale du ciel. *Paris*, 1880, gr. in-8, nombr. fig., demi-rel. veau vert.

104. Flandin. Voyage en Perse. *Paris*, *Gide et Baudry*, 1851, 2 vol. gr. in-8, br.

105. Flavius (Joseph). Histoire des Juifs, trad. par Arnauld d'Andilly. *Paris*, *Le Petit*, 1667, 2 vol. in-fol., mar. rouge, fil., dos ornés, tr. dor. (aux armes).

106. Fleuriot (Mlle). Monsieur Nostradamus. *Paris*, *Hachette*, 1875, in-8, grav. dess. sur bois par Ad. Marie, veau fauve, fil. tr. dor.

107. Fournier. Le théâtre français au XVIe et au XVIIe siècle. *Paris*, *Laplace*, s. d., 2 vol. in-12, portr. en couleur, demi-rel. chagr. laval., pl. toile, tr. dor.

108. Fournier (Édouard). Histoire du Pont-Neuf. *Paris*, *Dentu*, 1862, 2 vol. in-12, br.

109. Gaffarel. L'Algérie, histoire, conquête et colonisation. *Paris*, *Didot*, 1883, gr. in-8, fig. noires et coloriées, demi-rel. mar. rouge, pl. toile, tr. dor.

110. Galerie des femmes de George Sand, texte par le bibliophile Jacob. *Paris*, Lib. internationale, s. d., in-4, 24 portraits gravés sur acier et vignettes dans le texte, demi-rel. chagr.

111. Galerie de Florence et du palais Pitti, tableaux, statues, bas-reliefs et camées dessinés par Wicar et gravés par Masquelier. *Paris*, *Didot*, 1866, 4 tomes en 2 vol. in-fol., cart.

112. Galletti (abbé Jean-Ange). Histoire illustrée de la Corse représentant les costumes anciens et modernes, les usages, les superstitions, vues, etc. *Paris*, *Pillet fils*, 1863, in-4, fig., demi-rel. mar. laval., non rogné.

113. Gervinus. Histoire du XIXe siècle depuis les traités de Vienne, traduit de l'allemand par Minssen. *Paris*, *Lacroix*, *Verbœckhoven et C°*, 1864, 21 vol. in-8, br.

114. Gibbon. Histoire de la décadence et de la chute de l'Empire Romain. *Paris*, *Desrez*, 1835, 2 vol. gr. in-8, demi-rel.

115. Goncourt (de). Gavarni, l'homme et l'œuvre. *Paris*, *Plon*, 1873, portr. et fac-similé d'autographe, br.

116. Grandpré (de). Le magicien moderne, récréation amusante de physique et de chimie. *Paris*, *Fayard*. s. d., in-8, demi-chagr., fig.

117. Grandville. Les fleurs animées, texte par Taxile Delord. *Paris*, *de Gonet*, 1847, 2 vol. in-8, fig. en couleur, demi-rel.

118. Grandville. Scènes de la vie privée et publique des animaux, études de mœurs contemporaines. *Paris*, *Hetzel et Paulin*, 1842, 2 vol. gr. in-8, cart.

119. Grimm et Diderot. Mémoires historiques, littéraires et anecdotiques. *Londres*, *Colburn*, 1814, 8 vol. in-8, veau.

120. Grimoüard de Saint-Laurent (le comte). Guide de l'art chrétien. — Étude d'esthétique et d'iconographie. *Paris*, *Didron*, 1872, 3 vol. gr. in-8, d. chagr. rouge.

Nombreuses planches gravées.

121. Grisier. Les armes et le duel. *Paris*, *Dentu*, 1864, gr. in-8, br.

Illustrations de Beaumont.

122. Grivaud de la Vincelle. Recueil de monuments antiques la plupart inédits et découverts dans l'ancienne Gaule, ouvrage enrichi de cartes et de 40 pl. en taille douce. *Paris*, *Treuttel et Wurtz*, 1817, 2 tomes en 1 vol. petit in-4, veau.

123. Guichard (Claude). Funérailles et diverses manières d'ensevelir des Romains, Grecs et autres nations tant ancien-

nes que modernes. *Lyon, Jean de Tournes*, 1861. — Oraison funèbre de la reine Anne-Marie d'Autriche mère de Louis XIIII, prononcée dans l'église de Saint-Martin de Metz par le R. P. Charles de Presciony. *Metz, par Jean Antoine*, 1666. Ensemble deux ouvrages en 1 vol. in-4, veau.

124. Guide pittoresque du voyageur en France, contenant la statistique et la description complète des 86 départements, ornée de 740 vignettes et port. grav. sur acier et d'une carte. *Paris, Firmin Didot*, 1838, 6 vol. gr. in-8, veau fauve.

125. Guyse (Jacques de). Histoire du Hainaut trad. en français avec le texte latin en regard. *Paris, Sautelet*, 1826, 19 tomes en 20 vol. Tables, 2 vol.; ensemble 22 vol. in-8, fig., dem.-rel. veau vert.

126. Haeften. Schola cordis sive aversi a deo cordis ad eumdem reductio et instructio. *Antverpiae*, 1625, gr. in-12, fig. gravées, vélin.

127. Hardouin. Trésor de vénerie composé l'an MCCCLXXXIV par Hardouin, seigneur de Fontaines-Guérin, et publié pour la première fois par M. A. Michelant. *Metz, Rousseau, Pallez*, 1856, in-8 de XVI et 138 pages, pap. vergé d'Angoulême, cart. mar. lie de vin, coins, non rog.

Tiré à 200 exemplaires non numérotés.

128. Hatin. Histoire politique et littéraire de la presse en France. *Paris, Poulet-Malassis et de Broise*, 1859, 8 vol. in-8, brochés.

129. Heptaméron. Les nouvelles de Marguerite, reine de Navarre. *Berne, Société typographique*, 1780, 3 vol. in-8, fig. de Frendenberg, veau, fil., tr. dor. (reliure ancienne).

130. Hervieux de Chanteloup. Nouveau traité des serins de Canarie, contenant la manière de les élever et de les appareiller pour en avoir de belles races, etc. *Paris, Saugrain*, 1766, in-12, v.

131. Histoire générale de Paris. Publ. sous la direction du baron Haussmann, Paris, 1867-1874, 15 vol. in-4, cart., non rog.

Introduction, 1 vol. — Topographie du vieux Paris, 2 vol. — Anciennes bibliothèques, 3 vol. — Etienne Marcel, 1 vol. — Armoiries de la ville de Paris, 2 vol. — Le livre des métiers, 1 vol. — Paris et ses historiens aux XIVe et XVe siècles, 1 vol. — Le Bassin de la Seine, tome 1er en deux parties. — Les jetons de l'échevinage parisien, 1 vol. — Plan de Paris en 1380, 1 vol.

132. Histoire des Papes depuis saint Pierre jusqu'à Benoît XIII. *La Haye, Scheurleer*, 1732, 5 vol. in-4, veau marb.

133. Histoire universelle de Jacques-Auguste de Thou depuis 1543 jusqu'en 1607. *Londres*, 1734, 16 vol. in-4, veau marb. dos orné.

134. Hoffmann. Contes fantastiques, trad. nouvelle. *Paris, Camuseaux*, 1836, 4 vol. in-8, demi-rel. chag.

135. Homère. L'Iliade et l'Odyssée. *Paris, Dentu*, 1810, 6 vol. in-8, cart.

136. Hugo (Victor). Œuvres. *Paris, Houssiaux*, 1857, 18 vol. in-8, grav. sur acier de T. Johamot, Raffet, Rouargue, etc., demi-rel. veau fauve.

137. Imitation de Jésus-Christ, trad. de M. l'abbé Dassance. *Paris, Garnier*, 1855, gr. in-8, fig., texte encadré, mar. vert, tr. rouges.

138. L'imitation de Jésus-Christ précédée d'une préface, par Louis Veuillot. *Paris, Glady*, 1876, in-8 br., pap. de Hollande, fig., vignettes et culs de lampe,

139. Janin (Jules). Les petits bonheurs. *Paris, Morizot*, 1857, in-8, illust. de Gavarni, broché.

140. Janin (Jules). Rachel ou la tragédie. *Paris, Amyot*, 1859 gr. in-8, demi-rel., mar. vert., pl. toile, tr. dor.

10 photographies.

141. Joinville (Jean sire de). L'histoire de saint Louis, le Credo et la lettre à Louis X. *Paris, Le Clère*, 1867, gr. in-8, demi-chag. vert., têt. dor., ébarbé.

142. Journal de menuiserie, spécialement destiné aux architectes, aux menuisiers et aux entrepreneurs. *Paris, Morel*, 1863 à 1869, 7 années reliées, demi-chag., planches montées sur onglets.

143. Kresz (aîné). Aviceptologie française, ou traité général de toutes les ruses dont on peut se servir pour prendre les oiseaux, représenté par de nombreuses fig., grav. *Paris, Corbet*, 1830, gr. in-12, d. v. n. rog.

144. La Bruyère. Les caractères de Théophraste. *La Haye, Moetjens*, 1696, in-12, mar. laval., dent. int., tr. dor. (Hardy).

145. La Bruyère. Les caractères de Théophraste avec les caractères ou les mœurs de ce siècle, par La Bruyère. *Paris, David*, 1733, 2 vol. in-12 v., front. grav.

146. La Bruyère. Les caractères de La Bruyère suivis des caractères de Théophraste. *Paris, Aimé André*, 1829, 2 vol. in-8 br. port. (ex. sur gr. papier).

147. La Châtre. Histoire des Papes, crimes, meurtres, empoisonnements. *Paris*, 1854, 10 tomes en 5 vol. in-8, fig., demi-rel., chag.

148. La Harpe. Lycée ou cours de littérature ancienne et moderne. *Paris, Didot*, 1821, 16 vol. in-8, demi-rel. veau fauve (reliure neuve).

149. La Fontaine. Fables, illustrations par Grandville. *Paris, Garnier*, 1859, gr. in-8, d. chag. brun, tr. dor.

150. La Fontaine. Contes et nouvelles en vers, s. l., 1777, 2 vol, in-8, fig. gravées, veau écaille, fil., tr. dor., rel. anc.

151. La Fontaine. Contes et nouvelles par J. de Lafontaine. nouvelle édition ornée de vignettes. *Paris, Braulart*, imprimeur en taille douce. 1835, 2 parties en un vol. in-8, demi-rel.

Figures de Champion, André Ducornet, etc.

152. La Fontaine. Contes et nouvelles. *Lyon*, *Scheuring*, impr. Perrin, 1874, 2 vol. in-8, portrait, vignettes et culs de lampe, broché, papier teinté.

153. La Fontaine. Contes et nouvelles en vers. *Rouen*, *Lemonnyer*, 1879, 2 vol in-12, br. (ex. en pap. de Hollande).

Jolies fig. grav. à mi-page.

154. La Fontaine. Œuvres complètes. *Paris*, *Dupont*, 1826, 5 vol. gr. in.8, d. chag. vert.

155. La Fontaine. Œuvres avec glossaire par Alph. Pauly. *Paris*, *Lemerre*, 1875, 2 vol. in-8, fig. gr. à l'eau forte, demi-maroq. av. coins, têt. dor., n. rognés.

156. La Force. Mémoires authentiques de Jacques Caumont, duc de Laforce, maréchal de France. *Paris*, *Charpentier*, 1813, 4 vol. in-8, demi-veau fauve non rogné.

157. Langlois. Essai historique et descriptif sur la peinture sur verre ancienne et moderne. *Rouen*, *Frère*, 1822, in-4, demi-rel. veau, n. rogné.

7 planches gravées.

158. Lamartine. Œuvres poétiques. *Paris*, *Furne et Jouvet*, 1876-79, 6 vol. in-12 br. dont un relié d. mar. laval., t. dor., non rog.

Jolie édition avec le texte encadré.

159. Larcher. La femme jugée par les grands écrivains des deux sexes. *Paris*, *Dentu*, 1861, gr. in-8, figures, demi-toile non rogné.

160. La Tour d'Auvergne. Origines gauloises, celles des plus anciens peuples de l'Europe. *Paris*, 1802, portr. in-8, basane.

161. Laurentin (Le). Maison de campagne de Pline le Jeune, restituée d'après la description de Pline par Haudebourt. *Paris*, 1838, gr. in-8, fig., cart., non rog.

162. Lavallée. Histoire des Français. *Paris*, *Charpentier*, 1874, 6 vol. in-12, demi-rel. chag.

163. Lavater. Art de connaître les hommes par la physionomie. *Paris*, 1806, 10 vol. in-4, cart., non rognés.

500 figures.

164. Leber. Collection des meilleures dissertations, notices et traités particuliers relatifs à l'histoire de France. *Paris*, *Dentu*. 1838, 20 vol. in-8, cart., bradel non rog.

165. Le Comte (Florent). Cabinet des singularitéz d'architecture, peinture, sculpture et gravure. *Paris*, *Cusson et Witte*, 1702, 3 vol. in-12, v. frontispice grav.

166. Lenoir. Musée des monuments français ou description historique et chronologique des statues en marbre et en bronze, bas-reliefs, tombeaux, etc. *Paris*, an IX, 1800, 5 vol. in-8, rel.

218 planches.

167. Le Maout. Botanique, organographie et taxonomie, histoire naturelle des familles végétales. *Paris*, *Curmer*, 1852, gr. in-8 demi-chag. rouge.

Planches noires et coloriées hors texte.

168. Lemaistre de Sacy. La sainte Bible. *Paris*, *Furne*, 1846, gr. in-8 à 2 col., fig. sur acier, demi-chag. laval.

169. Lemaistre de Sacy. La sainte Bible. *Paris*, *Curmer*, 1860, 5 vol. in-4, fig. sur acier, rel. demi-maroq. noir avec coins non rognés.

170. Le Sage. Œuvres choisies. *Paris*, *Leblanc*, 1810, 16 vol. in-8, portrait et fig. veau de Marillier.

171. Lettres édifiantes et curieuses concernant l'Asie, l'Afrique et l'Amérique. *Paris*, 1838, 4 vol. gr. in-8, texte à deux colonnes, demi-rel. chag. vert, tr. dor.

172. Lettres. Instructions et mémoires de Colbert publiés d'après les ordres de l'empereur, par Pierre Clément, *Paris*, Imprimerie impériale, 1861-1868, 5 tomes en 6 vol. in-4, br.

173. Le Verrier de la Conterie. L'école de la chasse aux chiens courans, précédée d'une bibliothèque historique et critique des auteurs qui ont traité de la chasse. *Rouen*, 1763, 1 vol. — Vénerie normande de l'école de la chasse aux chiens courans pour le lièvre, le chevreuil, le cerf, le daim, le sanglier, le loup, le renard, etc. avec les tons de chasse. *Rouen*, 1778, 1 vol., ensemble 2 vol. in-8, figures, veau racine fil.

174. Liais (Emin). L'espace céleste et la nature tropicale avec les illustrations de Yan' Dargent. *Paris*, *Garnier*, s. d., gr. in-8, d. chag.

175. Ligny (le Père de). Histoire de la vie de Jésus-Christ,

édit. ornée de grav. d'après les tableaux des plus grands maîtres. *Paris*, *Crapelet*, 1804, 2 vol. gr. in-8, d. chag.

176. Longus. Daphnis et Chloé. *Paris*, *Leclère*, 1863, petit in-8 cart., non rogné.

177. Lubis. Histoire de la Restauration, 1814-1830. *Paris*, 1837, 6 vol. gr. in-8 br.

178. Machiavel. Œuvres complètes, traduites par J. V. Périès. *Paris*, *Michaud*, 1823, 12 vol. in-8, portrait, cart.

179. Magasin d'éducation et de récréation. *Paris*, *Hetzel*, 1879-1883, années brochées et reliées, fig., demi-rel. chag. rouge.

180. Magasin Pittoresque (Le). De l'origine 1833 à 1882 inclus, 50 vol. in-4, demi-rel. veau.
Les deux derniers sont brochés.

181. Magny. Les Gayetez. — Les amours. — Les soupirs d'Olivier de Magny. *Turin*, *Gay*, 1869-1870, 3 vol. gr. in-8, brochés.
Tiré à 100 exemplaires.

182. Magny (vicomte de). Nobiliaire universel, généalogie des maisons nobles de l'Europe. *Paris*, chez l'auteur, 8 vol. in-4, br. et rel., blasons noirs et coloriés.
Années 1856—1857—1858—1866—1871—1874—1878—1881.

183. Malte-Brun. Géographie universelle entièrement mise au courant de la science par Th. Lavallée. *Paris*, *Furne*, 1855, 6 vol. gr. in-8, d. chag. bleu.

184. Malte-Brun. Géographie universelle mise au courant par T. Lavallée. *Paris*, *Furne*, 1862. 6 vol. gr. in-8, fig., br.

185. Malte-Brun. La France illustrée, géographie, histoire et administration statistique. *Paris*, *Barba*, 1855, 3 vol. gr. in-8, d. veau, dont 1 atlas.

186. Marco de Saint-Hilaire. Histoire anecdotique et pittoresque de Napoléon, illustrée par J. David. *Paris*, *Kugelmann*, 1843, gr. in-8, d. veau brun.

187. Marivaux. Œuvres complètes. *Paris*, *Haut-Cœur et*

Gayet jeune, 1825, 10 vol. in-8, demi-rel. veau fauve, non rogné.

188. Marmontel. La Pharsale de Lucain. *Paris*, *Merlin*, 1766, 2 vol. in-8, fig. de Gravelot, veau écaille.

189. Martin (Henri). Histoire de France jusqu'en 1789. *Paris*, *Furne*, 1838-1854, 19 vol. in-8, portr. et gravures sur acier, demi-rel. mar. rouge, tête peigne, non rognés.

190. Massillon. Œuvres complètes. *Paris*, *Méquignon*, 1822, 13 vol. in-8, demi-rel. veau, portr.

191. Massuet. La science des personnes de cour, d'épée et de robe. *Amsterdam*, 1752, 7 tomes rel. en 17 vol. in-12, cart., non rognés, gravures.

192. Maurepas. Recueil dit de Maurepas, pièces libres, chansons, épigrammes et autres vers satiriques sur divers personnages des siècles de Louis XIV et Louis XV. *Leyde*, 1865, 6 vol. in-8, br.

Exemplaire en grand papier de Hollande numéroté.

193. Mazas (Alexandre). Vies des grands capitaines du moyen âge. *Paris*, *Lecoffre*, 1845, 5 vol. in-8, d. chagr.

194. Mazas (Alex.). Histoire de l'ordre militaire de Saint-Louis depuis son institution, en 1693, jusqu'en 1830. *Paris*, *Dentu*, 1855, 2 vol. in-8, demi-rel. chagr.

195. Mémoires concernant l'histoire, les sciences, les arts, les mœurs et les usages des Chinois par les missionnaires de Pékin. *Paris*, *Nyon*, 1776-1789, 14 vol. in-4, fig., rel. veau.

196 Mémoires pour servir à l'histoire de Mme de Maintenon, suivis de ses lettres à diverses personnes et à M. d'Aubigné son frère. *Amsterdam*, 1755, 16 vol. in-12, veau.

197. Mémoires de Mme de Motteville pour servir à l'histoire d'Anne d'Autriche, épouse de Louis XIII, roi de France. *Amsterdam*, 1739, 5 vol. in-12, veau.

198. Mémoires de M. le cardinal de Retz, 4 tomes en 5 vol. — Mémoires de M. M. G. Joly, 2 vol. *Amsterdam*, 1717-1718, 8 vol. in-12, portr., veau.

199. Mémoires du cardinal de Retz, de Guy Joli et de la duchesse de Nemours. *Paris*, *Ledoux*, 1820, 6 vol. in-12, portr., veau.

200. Mémoires de Sully, principal ministre de Henri le Grand. *Paris*, *Amables Coste*, 1814, portr., 6 vol. in-8, demi-rel. mar. vert, non rognés.

201. Mémoires et mélanges historiques et littéraires par le Prince de Ligne. *Paris*, *Dupont et Cie*, 1827, 5 vol in-8, portr., cart.

202. Mémoires du prince de Talleyrand, publiés avec une préface et des notes par le duc de Broglie. *Paris*, *Calmann-Lévy*, 1891, 2 vol. gr. in-8, portr., br.

203. Menestrier (le Père). Nouvelle méthode raisonnée du blason. *Lyon*, 1770, in-8, veau.

Nombreuses figures de blasons.

204. Mézeray (de). L'histoire de France avant Clovis, 1 vol. — Abrégé chronologique de l'histoire de France, 6 vol. *Amsterdam*, 1712. — Ens. 7 vol. in-12, portr., cart.

205. Michaud. Histoire des Croisades. *Paris*, *Furne*, 4 vol. in-8, demi-rel. veau.

206. Michaud. Histoire des Croisades. *Paris*, *Furne*, 1841, portr. et fig., 6 vol. in-8, br.

207. Michelet. Histoire de France. *Paris*, *Lacroix*, 1878, 19 vol. in-8. br.

Illustrations de Vierge.

208. Mielot (Jean). Vie de Catherine d'Alexandrie. *Paris*, *Hurtrel*, 1881. gr. in-8 en feuilles dans un carton.

Exemplaire sur papier du Japon avec les illustrations en couleurs.

209. Millin. Antiquités nationales ou recueil de monuments pour servir à l'histoire générale et particulière de l'Empire français tels que tombeaux, inscriptions, statues, vitraux, etc. *Paris*, 1790, 5 vol. in-4, pl. gravées, rel. veau.

210. Mirabeau. Mémoires biographiques, littéraires et politiques écrits par lui-même, précédés d'une étude sur Mirabeau, par V. Hugo. *Paris*, 1834, 8 vol. petit in-8, portr., demi-rel. veau.

211\. Mirecourt (Eug. de). Les Contemporains. *Paris*, *Havard*, 1857, 20 vol. in-12, portr., demi-rel. veau brun.

Contenant 100 biographies.

212\. Molière. Œuvres complètes. *Paris*, 1734, 6 vol. in-4, veau marbré, dos orné.

Premier tirage, belle édition ornée d'un portrait de Molière et des figures et culs de lampe de Boucher, Oppenord et Blondel.

213\. Molière. Œuvres complètes avec notes. *Paris*, *Lefèvre*, 1824, 8 vol. gr. in-8, portr., demi-rel. mar. rouge, tête dor., non rognés.

Exemplaire en grand papier vélin de la collection des classiques français.

214\. Molière. Œuvres complètes. *Paris*, *Sautelet*, 1825, 6 vol. in-8, demi-rel. veau.

215\. Molière. Théâtre complet orné de dessins de Louis Leloir. *Paris*, *Librairie des bibliophiles*, 1876, 8 vol. in-8, br.

216\. Molière. Réimpressions de pièces originales faites par les soins de Louis Lacour. *Paris*, *Jouaust*, 1866, 17 vol. in-12, fort pap. de Hollande.

Amour médecin. — M. Pourceaugnac. — Le Bourgeois gentilhomme, — L'Escole des femmes. — La Critique de l'Escole des femmes. — L'Escole des maris. — Sganarelle. — Amphitryon. — Mariage forcé. — Les Fascheux. — L'Estourdy. — Le Sicilien. — Le Misantrope. — Tartuffe. — Les Précieuses ridicules. — Médecin malgré luy. — Dépit amoureux.

217\. Montaigne. Les Essais. *Paris*, *Jouaust*, 1873, 4 vol. in-8, br., portr., pap. vergé.

218\. Monteil. Histoire des Français des divers États. *Paris*, *Coquebert*, 1840, 8 vol. in-8, br.

219\. Le temple de Gnide. *Londres*, *S. D.*, petit in-8, frontispice et vignettes grav., veau.

220\. Montfaucon. L'Antiquité expliquée et représentée en figures. *Paris*, *Deleaulne*, 1719, 10 vol. in-fol. — Supplément, 1724. 5 vol. in-fol. — Ens. 15 vol. in-fol., veau ancien, dos orné, fig.

Bel exemplaire en grand papier.

221. Mystères des vieux châteaux de France ou amours secrètes des rois et des reines par une société d'archivistes sous la direction de Le François. *Paris*, *Penaud*, 6 vol. gr. in-8, demi-rel. (taches).

222. Napoléon Ier. Œuvres de Napoléon Bonaparte. *Paris*, *Panckoucke*, 1821, 4 vol. in-8, portr., demi-rel. chagr. noir.

223. Nisard (Charles). Histoire des livres populaires ou de la littérature du colportage depuis le xve siècle jusqu'en 1852. *Paris*, *Amyot*, 1854, 2 vol. in-8, vignettes, demi-rel chagr. laval.

224. Nodier (Charles). Poésies recueillies par Delangle. *Paris*, *Delangle*, 1829, in-12, d. chagr. brun.

225. Nogaret. Le Fond du sac, recueil de contes en vers. *Rouen*, *Lemonnyer*, 1879, 2 vol. in-12 (jolies vignettes à mi-pages), br.

226. Norbert-Billiart. Le Monde judiciaire, portraits et notes d'audience, justice des petits abus. *Paris*, *Dentu*, 1862-1866, 9 vol. in-12, cart.

227. Orbigny (D'). Dictionnaire universel d'histoire naturelle par Ch. d'Orbigny. *Paris*, *Renard*, 1849, 13 vol. in-8, 3 atlas coloriés. Ens. 16 vol. in-8, demi-rel. veau fauve, non rognés.

228. Ossat (Cardinal d'). Lettres du cardinal d'Ossat avec notes historiques et politiques par Amelot de La Houssaie. *Paris*, *Jean Boudot*, 1698, 2 vol. in-4, portr., veau.

229. Ovide. Métamorphoses, trad. avec le texte par Villenave. *Paris*, *Gay*, 1806, fig. de Lebarbier, 4 vol. in-8, veau, fil.

230. Parnasse satyrique (Le) du sieur Théophile, avec le recueil des plus excellens vers satyriques de ce temps. *Gand*, 1861, 2 tomes en 1 vol. in-12 mar. rouge, orn., tr. dor.

231. Passerat (Jan). Recueil des œuvres poétiques de Jan Passerat. *Paris*, 1606, in-12 veau fauve, fil., tr. dor.

232. Pettermann (Dr). Mittheilungen aus justus perthes geographischer anstalt uber Wichtige neue er forschungen auf

dem gesammtgebiete der geographie. — *Gotha* justus Perthes, de l'origine, 1855 à fin 1885, 32 vol. in-4. — Erganzungsheft, 84 n^{os} in-4. — Ens. 43 vol. in-4, les 21 premiers vol. demi-rel. chagr. noir, le reste en livraisons.

233. Pfister (J.-C.). Histoire d'Allemagne. *Paris*, *Janet et Cotelle*, 1835, 11 vol., demi-rel. veau brun.

234. Philippon. Musée pour rire. *Paris*, *Aubert*, s. d., 2 tomes en 1 vol. petit. in-4, d. veau fauve (manque les titres).

Contenant 100 caricatures de Daumier, Gavarni, etc.

235. Philippon de la Madelaine. L'Orléanais, histoire des ducs et du duché d'Orléans, illustré par Baron, Français, Nanteuil et Rouargue. *Paris*, *Mallet*, 1845, gr. in-8 percal., tr. dor.

236. Picard (Alfred). Les Chemins de fer français. *Paris*, *Rothschild*, 1884, 4 vol. gr. in-8, br.

237. Pierrugues. Glossarium eroticum linguæ latinæ, sive theogoniæ legum et morum nuptialum apud romanos, explanatio nova. *Parisiis*, *Dondey-Dupré*, 1826, in-8, d. veau bleu.

238. Piot. Le Cabinet de l'amateur et de l'antiquaire (antiquités, numismatique, tableaux, estampes). *Paris*, 1842-1846, 4 vol. in-8, fig., br.

239. Piron (Alexis). Œuvres complètes publiées par M. Rigoley de Juvigny. *Neufchâtel*. 1777, 8 vol. in-8, demi-rel.

240. Playne. L'art héraldique contenant la manière d'apprendre facilement le blason, enrichi des fig. nécessaires pour l'intelligence des termes. *Paris*, *Osmont*, 1717, in-12, chag., nombreuses fig.

241. Plutarque. Vies des hommes illustres, grecs et romains. *Paris*, 1622, 4 vol.— Les œuvres morales et meslées de Plutarque. *Lyon*, *Paul Frelon*, 1625, 4 vol. Ensemble 8 vol. in-8 v. (bon exempl.).

242. Plutarque. Œuvres complètes, trad. du grec, par Amyot. *Paris*, *de Cussac*, 1801, 25 vol. in-8, cart. non rog.

243. Poésies. Gothiques françoises. *Paris*, Imprimerie de Crapelet, 1832, gr. in-8, d. velin vert ébarbé (manque le titre).

244. Poètes français (Les petits). Depuis Malherbe jusqu'à nos jours. *Paris*, *Didot*, 1861, 2 vol. gr. in-8, rel., v. fauv., têt. dor., n. rog.

245. Prévost. Histoire de Manon Lescaut et du chevalier Des Grieux. *Paris*, *Leclère*, 1860, 2 vol. in-12, fig. de Lefebvre, demi-rel. mar. avec coins, tête dor. non rog.

246. Racine. Œuvres complètes, avec les notes de tous les commentateurs, édition publiée par Aimé Martin. *Paris*, *Lefèvre*, 1825, 7 vol. in-8, port., demi-rel. mar. rouge av. coins, dos mosaïque, tr. dor.

247. — Raoul Rochette. Monuments inédits d'antiquité figurée. *Paris*, chez l'auteur, 1833, in-fol., demi-rel. (80 figures). Manque le titre.

248. Ravallière (L'Evesque de la). Les poésies du Roy de Navarre, précédées de l'hist. des révolutions de la langue française. *Paris*, *Guérin*, 1742, 2 vol. in-12, veau, tr. dor.

249. Raynal. Histoire philosophique et politique des établissements et du commerce des Européens dans les deux Indes. *Genève*, 1780, 4 vol. in-8 et atlas veau.

250. Regnier. Les œuvres de M. Regnier, contenant ses satires et autres pièces de poésie. *Amsterdan*, *Etienne Roger*, 1710, in-12, front. veau, fil., dos orné, tr. dor. (rel. de Petit).

251. Reveil. Musée de peinture et de sculpture ou recueil des principaux tableaux, statues et bas-reliefs des collect. publiques et particulières de l'Europe, dessiné et grav. à l'eau forte p. Reveil, avec notices descriptives par Duchesne aîné. *Paris*, *Audot*, 1828, 13 vol. in-12, d. chag. rouge.

252. Reveil. Musée religieux ou choix des plus beaux tableaux inspirés par l'histoire sainte, gravés à l'eau-forte sur acier par Reveil. *Paris*, *Hivert*, 1836, 4 vol. in-12, cart. n. rog. Contenant 300 pl. grav.

253. Revue archéologique. *Paris*, *Didier*, années 1861, 1864, 1865, 1866, 1872 à 1876, 1886, reliées et brochées, figures.

254. Revue (La petite). *Paris*, *Pincebourde*, novembre 1863 à novembre 1866, 6 vol. pet. in-8, demi-percal.

255. Robertson. Œuvres complètes avec notice de Buchon. *Paris*, *Desrez*, 1836, 2 vol. gr. in-8, demi-rel.

256. Robertson (W). Œuvres complètes avec une notice par J.-A.-C. Buchon. *Paris*, 1853, 2 vol. gr. in-8, demi-rel. v. fauve, t. dor. n. rog.

257. Roscoe (William). Vie et pontificat de Léon X. *Paris*, 1808, 4 vol. in-8. port., rel. veau.

258. Rousseau (J.-J.). Œuvres complètes annot. par Petitain. *Paris*, *Lefèvre*, 1839, 8 vol. pet. in-8, demi-rel. chag.

259. Rousseau (J.-J.). Œuvres complètes. *Paris*, *Houssiaux*, 1852, 4 vol. in-8, fig., demi-rel.

260. Rousseau (J.-J.). Œuvres complètes. *Paris*, *Didot*, 4 vol. gr. in-8, brochés.

261. Rousselin (Alex.). Vie de Lazare Hoche, général des armées de la République. *Paris*, an VIII, 1800, petit in-8, plans et cartes, d. veau f. avec c. têt. dor., n. rog.

262. Rozoi (De). Les Sens, poème en six chants, jolies figures d'Eisen. *Londres*, 1767, petit in-8 v. fil.

263. Saint-Amant. Les œuvres du sieur de Saint-Amant. *Paris*, *Nicolas Bessin*, 1647, in-12 v. fauve, fil., tr. d., dent. int.

264. Sainte Bible. Contenant l'ancien et le nouveau testament, traduite en français par Le Maistre de Sacy. *A Paris*, chez *Defer de Maisonneuve*, 1789-1804, 12 vol. in-4, veau fauve avec coins, dos orné, non rognés. (Messier.)

Deux suites de figures incomplètes.

265. Sainte Bible de Vence en latin et en français. *Paris*, 1827, 27 vol. in-8 et atlas de 37 vues et cartes, demi-rel. veau fauve.

266. Sainte Thérèse. Œuvres traduites d'après les manus-

crits originaux par le P. Marcel Bouix, 3 vol. — Lettres de sainte Thérèse. — *Paris, Lecoffre*, 1859-1861, 3 vol. — Ens. 6 vol. in-8, chagr. brun, tête dor., non rognés.

267. Salluste. Crispi Salustii opera ascensii familiaris interpretatio. *Lugduni, a Stephane Gueynard en la rue Merchiére*, anno 1506, in-4, veau (reliure de l'époque), mouillures et piqûres de vers.

268. Schoonebeer (Adrien). Histoire des Ordres religieux de l'un et l'autre sexe représentés par 234 fig. de cost., grav. en taille douce. *Amsterdam*, 1700, 2 vol. in-12, veau, fil., tr. dor.

269. Sévigné. Lettres de Madame de Sévigné. *Paris, Didot*, 1853, 6 vol. in-12, demi-rel. chagr. bleu.

270. Sismondi (Simonde de). Histoire des Français. *Paris, Treuttel et Würtz*, 1821, 31 vol. in-8, demi rel. veau fauve, non rogné.

Bel exemplaire en papier vélin.

271. Somme théologique de saint Thomas, latin, français en regard avec des notes par l'abbé Drioux. *Paris, Belin*, 1853, 15 vol. in-8, br.

272. Staël (Baronne de). Œuvres complètes publiées par son fils. *Paris, Treuttel et Würtz*, 1820, 17 vol. in-8, veau racine, fil.

273. Swift. Voyages de Gulliver. *Paris, Leclerc*, 1860, 2 vol. in-12, demi-reliure mar. avec coins dor., non rogné.

Figures de Lefebvre.

274. Tallemant des Réaux. Les historiettes de Tallemant des Réaux avec notes de Monmerqué. *Paris, Levavasseur*, 1834, 6 vol. in-8, demi-rel. veau.

275. Théâtre Français (Le) au XVIe et au XVIIe siècle ou choix des comédies les plus remarquables antérieures à Molière avec une introduction et une notice sur chaque auteur par Edouard Fournier. *Paris, Laplace et Sanchez*, 2 vol. in-12, fig. coloriées, demi-rel. chagr. rouge avec coins, tête dor., ébarbés.

276. Thiers. Histoire du Consulat et de l'Empire. *Paris, Paulin*, 1845, 20 vol. in-8, demi-rel. chagr. rouge, pl. toile.

277. Thiers. Histoire de la Révolution française. *Paris, Furne*, 1842, 10 vol. in-8, fig. de Raffet, demi-rel.

278. Thierry (Augustin). Histoire de la conquête de l'Angleterre par les Normands. *Paris, Just-Tessier*, 1838, 4 vol. in-8, demi-rel. veau fauve, tr. dor., non rognés (avec un atlas).

279. Topffer. Nouveaux voyages en zigzag à la Grande-Chartreuse. *Paris, Garnier frères*, 1858, gr. in-8, demi-chagr. lavall., pl. toile, tr. dor.
Illustrations de Calame, Français, Daubigny.

280. Topffer. Histoire de Monsieur Crépin, autographié chez *Caillé, à Paris*, 1 vol. oblong. cart. (88 pl.).

281. Topffer. Les amours de M. Vieux-Bois. *Imprimerie Caillet, rue Jacob*, 1 vol. oblong rel. (92 pl.).

282. Toché (Raoul). Les premières illustrées, notes et croquis, saisons théâtrales 1881-1886. 4 vol. gr. in-8, illustrations dans le texte et hors texte, cart., non rognés.

283. Toustain (Dom). Nouveau traité de diplomatique où l'on examine les fondements de cet art, par deux religieux bénédictins. *Paris*, 1750, 6 vol. in-4, fig., veau ancien, dos orné.
Bel exemplaire.

284. Trew (Jacob). Herbarium blackwellianum emendatum et auctum id est Elisabethae Blackwell collection Stirpium. *Nuremberg*, 1757, 6 vol. in-fol., demi-rel.
Recueil de 600 planches coloriées.

285. Trousset. Nouveau dictionnaire encyclopédique universel illustré. 5 vol. in-4, br.

286. Varillas (Le sieur de). Les anecdotes de Florence ou l'histoire secrète de la maison de Médicis. *La Haye*, chez *Arnout Leers*, 1685, in-12, d. mar. brun.

287. Vaenius (Otho). Amoris divini emblemata studio et ære. *Antuerpiae ex officina Plantiniana*, 1660, petit in-4 velin (58 fig. gr.).

288. Véron. Mémoires d'un bourgeois de Paris. *Paris, de Gonet*, 6 vol. in-8, demi-chagr. violet.

289. Verrien. Recueil d'emblèmes, devises, médailles et fig. hiéroglyphiques au nombre de 1 200, accompagné de plus de 2.000 chiffres fleuronnés, simples, doubles, etc. *Paris, Claude Jombert*, 1724. in-8. veau, portr.

290. Villemain. Cours de littérature française. — Littérature au moyen âge, 2 vol. — Littérature au XVIIIe siècle, 4 vol. *Paris, Didier*, 1870-1876 ; ensemble 6 vol., demi-rel. chag. rouge.

291. Viollet-le-Duc. Dictionnaire raisonné de l'architecture française du XIe au XVIe siècle. *Paris, Morel*, 1867, in-8, br.
Tome Ier en grand papier.

292. Viollet-le-Duc. Dictionnaire raisonné du mobilier français. *Paris, Bance*, 1858, in-8, d. chagr. rouge.
Tome I.

293. Virgilii (Maronis). Opera. *Amstelodami, typis Joannis Blaer*, 1650, in-12, veau.

294. Virgile. Publius Virgilius Maro, avec notes de Heyne. *Lipsiae*, 1830, 8 vol. in-8, vignettes et culs-de-lampe demi-mar. vert avec coins, non rognés (Koehler).
Exemplaire en grand papier vélin.

295. Virgile. Œuvres, édition polyglotte, publiée par Monfalcon. *Paris* et *Lyon, Connon* et *Blanc*, 1838, gr. in-8, demi-chagr. vert à 2 col.

296. Voyage du baron de Lahontan dans l'Amérique septentrionale. *Amsterdam*, 1728, 2 tomes en 1 vol. in-12, fig. et cartes, veau.

297. Voltaire. Œuvres complètes, de l'imprimerie de la Société littéraire typographique. 1784, 70 vol. in-8. cart., non rognés.

298. Voltaire. Œuvres complètes. *Paris, Didot aîné*, 1827, 4 vol. in-8, d. veau bleu, non rognés.
Edition en caractères microscopiques dédiée aux amateurs de l'art typographique.

299. Voltaire. La Henriade, poème de Voltaire orné de dessins lithographiques. *Paris*, chez *Dubois*, 1825, in-fol. veau bleu, dos orné, ornements à froid et dorés sur les plats (Charon).

Figures sur Chine.

300. Wallon. Histoire de l'esclavage dans l'antiquité. *Paris*, *Imprimerie royale*, 1847, 3 vol. in-8, demi-rel. veau vert.

Mâcon, Protat frères, imprimeurs

www.ingramcontent.com/pod-product-compliance
Ingram Content Group UK Ltd.
Pitfield, Milton Keynes, MK11 3LW, UK
UKHW022143260726
13993UKWH00005B/2113

9 782329 585697